Inhalt

Das Ende des Jugendwahns - das Personalwesen muss umdenken

Kernthesen

Beitrag

Fallbeispiele

Weiterführende Literatur

Impressum

GENIOS WirtschaftsWissen Nr. 01/2008 vom 07.01.2008

Das Ende des Jugendwahns - das Personalwesen muss umdenken

R.Reuter

Kernthesen

- Der demographische Wandel ist nicht nur ein Problem für die Sozialsysteme. Auch die Unternehmen müssen sich darauf einstellen.
- Bisher geschieht dies jedoch zu wenig - die meisten Firmen kennen das Problem, reagieren aber noch nicht.
- Um Personalmangel zu vermeiden, gibt es für die Firmen im Wesentlichen drei Möglichkeiten: den bewussten Einsatz

älterer Arbeitnehmer sowie die stärkere Berücksichtigung von Frauen und Migranten.

Beitrag

Der durchschnittliche Mitarbeiter ist heute deutsch, männlich und mittleren Alters. Das wird sich ändern, doch ist den meisten Firmen die Tragweite des Wandels noch nicht bewusst.

Unternehmen ignorieren das Problem

Über den demographischen Wandel ist schon viel geschrieben worden. Im Vordergrund steht dabei fast immer die Auswirkung der sich verändernden Altersstruktur auf die Sozialsysteme. Noch nicht genügend im Fokus stehen die Folgen für die Unternehmen: Sie müssen sich darauf einstellen, dass die Rekrutierung geeigneten Nachwuchses schon in nicht ganz ferner Zukunft eine schwierige Aufgabe sein wird. Den meisten Betrieben ist zwar klar, dass sie reagieren müssten, doch nur die wenigsten stellen sich aktiv auf die kommenden Gegebenheiten ein. Die "Studie Demografischer Wandel 2006" von Dis AG,

Statistischem Bundesamt und IAB hat ergeben, dass 66 Prozent der Unternehmen zwar um die Folgen des demografischen Wandels für den Arbeitsmarkt wissen, aber noch nicht an Lösungen arbeiten. (1), (6)

Folgen sind schon spürbar

Einem Unternehmen ist kürzlich vorgerechnet worden, wie sich seine Belegschaft in den nächsten sieben Jahren verändern wird. Rund die Hälfte der Mitarbeiter, so wurde ermittelt, wird die Firma in den nächsten sieben Jahren aus Altersgründen verlassen - was den Vorstandsmitgliedern bis dahin nicht klar gewesen war. Den Führungsriegen der deutschen Unternehmen ist oft nicht bewusst, dass die Auswirkungen des demographischen Wandels jetzt schon deutlich spürbar sind. (3)

Mehr Ältere, mehr Migranten, mehr Frauen, mehr Bildung

In den Unternehmen herrscht die Meinung vor, das Problem erst dann angehen zu müssen, wenn es nicht mehr anders geht. Unausgesprochen gehen Firmen davon aus, in einem stark umkämpften Arbeitsmarkt durch besonders attraktive Konditionen auch zukünftig die Arbeitnehmer zu finden, die sie brauchen. Diese Formel geht jedoch nicht auf, wenn die Zahl qualifizierter Fachkräfte den Bedarf irgendwann deutlich unterschreitet. Zurzeit stehen drei Möglichkeiten in der Debatte, mit denen die Unternehmen ihre freien Stellen auch in einer demographisch gewandelten Gesellschaft besetzen können: der stärkere Einsatz älterer Mitarbeiter, mehr Frauen und mehr Migranten. Ein weiteres Reservoir bildet die hohe Zahl an Minderqualifizierten: Rund 20 Prozent aller Schulabgänger in Deutschland gelten als "nicht ausbildungsfähig" und fallen für anspruchsvollere Arbeit daher aus. (1)

Gesundheitsmanagement wird an Bedeutung zunehmen

Anders als der überwiegende Teil der Vorstände, sehen die Personaler im demografischen Wandel schon heute die größte Herausforderung. Gezeigt hat sich dies auf der Messe "Zukunft Personal" in Köln, die im vergangenen Herbst stattgefunden hat. Schlüsselbegriffe waren dort die Integration von Migranten und Gesundheitsmanagement. Die alternden Belegschaften machen es nötig, dass sich die Firmen zukünftig stärker mit der

Gesundheitsförderung ihrer Angestellten befassen. Bis zum Jahr 2015 werden den Unternehmen sieben Millionen Menschen weniger als Arbeitskräfte zur Verfügung stehen als heute. (1)

Nachholbedarf bei der Gesundheitsvorsorge

Nur knapp ein Fünftel aller Betriebe in Deutschland betreibt aktive Gesundheitsförderung. Der Anteil der Betriebe, die personalpolitische Maßnahmen für Ältere praktizieren, ist sogar von 19 Prozent auf 17 Prozent gesunken. Experten schlagen daher Alarm und raten den Unternehmen, schon heute ihre Personal- und Qualifizierungsstrategien sowie ihre Entlohnungssysteme zu überdenken. (4)

Klare Prognosen

Das Institut zur Zukunft der Arbeit (IZA) in Bonn hat prognostiziert, dass 2015 bereits 300 000 Fach- und Führungskräfte fehlen werden, die jünger als 50 Jahre alt sind. Das Mannheim Research Institute for the Economics of Aging (MEA) fand heraus, dass der Anteil der über 55-jährigen Mitarbeiter an der

Arbeitnehmerschaft bis zum Jahr 2035 von zwölf auf fast 25 Prozent steigen wird. Um das demografische Risiko eines Unternehmens erfassen zu können, empfehlen Fachleute, die Mitarbeiter entsprechend ihren Kenntnissen und Fähigkeiten einzugruppieren, um so zu prognostizieren, wie sich die Belegschaft künftig entwickeln wird. Durch Weiterbildung, Positionswechsel, flexible Arbeitszeitmodelle oder Rekrutierung könne einem drohenden Personalmangel vorgebeugt werden. [(2)](), [(3)]()

Jugendwahn schließt Ältere aus

In den Unternehmen herrscht - wie in der gesamten Gesellschaft, was hier aber nicht Thema ist - der "Jugendwahn". Dynamik, Ideenreichtum und Kreativität werden fast ausschließlich jungen Mitarbeitern zugeschrieben. Arbeitslose über 50 Jahren haben es daher besonders schwer, in Deutschland neue Arbeit zu finden. Auf dem Arbeitsmarkt sind die Älteren daher deutlich unterrepräsentiert. Für die über 65-Jährigen meldet die OECD eine Erwerbsquote von gerade einmal 3,5 Prozent. Verglichen mit der Quote anderer Länder ist dies ein mageres Ergebnis: In Schweden arbeitet jeder zehnte Mensch im Alter von 65 plus, In Island sind es sogar 17 Prozent. In Portugal ist jeder fünfte Ältere beschäftigt. Spitzenreiter sind die USA: Dort arbeitet fast jeder siebte der Senioren über 65. Fast ein Viertel der Arbeitslosen in Deutschland ist älter als 50 Jahre. (6), (7)

Gute Zahlen, aber noch kein Trend

Vom derzeitigen Wirtschaftsaufschwung scheinen Ältere allerdings jetzt schon stärker zu profitieren als ihre jüngeren Kollegen. Laut amtlicher Statistik ist die Zahl der sozialversicherungspflichtig Beschäftigten zwischen 50 und 65 Jahren gegenüber 2005 um 350 000 auf 6,1 Millionen gestiegen. Dennoch sieht es bisher noch nicht danach aus, dass sich die Firmen darauf einstellen, künftig mit einer älteren Belegschaft zu arbeiten. Stattdessen ist der Kampf um die besten jungen Köpfe derzeit voll entbrannt. (4)

Weiterbildung auch für Ältere

Der stärkere Einsatz älterer Arbeitnehmer macht in den Unternehmen insbesondere zwei Maßnahmen erforderlich: Erstens mehr Engagement für die Gesunderhaltung der Mitarbeiter; zweitens müssten die Senioren bei Weiterbildungen mehr berücksichtigt werden. Dies findet zurzeit noch viel zu wenig statt, denn die Unternehmen investieren lieber in junge Leute. (7)

Diversity Management

Nach wie vor haben es Migranten besonders schwer, auf dem deutschen Markt Arbeit zu finden. Für die zukünftige Personalknappheit der Wirtschaft bieten sie daher ein bisher ungenutztes Reservoir an Arbeitskräften. Zugleich sind gemeinsame Ziele, wie sie sich durch die Zusammenarbeit im Betrieb ergeben, die beste Voraussetzung für eine gelungene Integration. Ein Zauberwort ist hierbei "Diversity-Management". Dies ist ein Konzept der Unternehmensführung, das die Chancengleichheit erhöhen und zugleich die Heterogenität der Belegschaft für das Unternehmen nutzbar machen will. Allerdings hinkt Deutschland beim Einsatz des Konzeptes im internationalen Vergleich hinterher. Viele Unternehmen rechnen immer noch mit dem Durchschnitts-Angestellten, wie er jahrzehntelang die Belegschaften prägt: deutsch, männlich, mittleren Alters und in Vollzeit beschäftigt. "Diese Bewerber gibt es bald kaum mehr", sagt Walter Niemeier, Leiter des Instituts für wissenschaftliche Weiterbildung an der Fachhochschule des Mittelstands in Bielefeld. (5)

Fallbeispiele

Metro AG orientiert sich um

Bei der Metro AG hat man die Zeichen der Zeit erkannt und setzt sowohl auf Altersmischung wie auf Gesundheitsmanagement. In den letzten zwei Jahren hat das Unternehmen rund 500 Mitarbeiter über 50 Jahren neu eingestellt. Zudem setzt der Handelskonzern immer mehr auf Mitarbeiter ausländischer Herkunft, um so der veränderten Kundenstruktur Rechnung zu tragen. [(1)](#)

Ausrichtung an Lebensphasen

Die DekaBank reagiert auf die kommenden Veränderungen mit einer "lebenszyklusorientierten Personalarbeit". Der Investment-Dienstleister der Sparkassen richtet seine gesamte Personalarbeit auf die Lebensphasen der Belegschaft aus: Krippenplätze, ein eigenes Corporate Health Center und berufsbegleitende Studiengänge sollen dafür sorgen, dass das Unternehmen für Nachwuchskräfte attraktiv bleibt. (1)

Altersgerechter Arbeitseinsatz

Der Automobilhersteller Audi setzt ältere Arbeitnehmer speziell in der Kleinserienfertigung ein, etwa bei der Montage des neuen Sportwagens R8. Die Belastungen für die Mitarbeiter sind dort weniger hoch als an den Fertigungsstraßen der Großserienmodelle. (3)

Weiterführende Literatur

(1) Personaler sehen demografischen Wandel als größte Herausforderung Bei der Messe "Zukunft Personal" in Köln steht der Wandel der Altersstruktur im Mittelpunkt. Gesundheitsmanagement und Integration von Migranten sind Schlüsselbegriffe
aus DIE WELT, 15.09.2007, Nr. 216, S. B7

(2) Männlich, jung, gesucht?
aus Handelsblatt Nr. 6 vom 09.01.07 Seite 18

(3) Den demografischen Wandel als Chance begreifen
aus Handelsblatt Nr. 184 vom 24.09.07 Seite b06

(4) Zweifel an Beschäftigungswunder für Ältere

aus HANDELSBLATT online 02.01.2008 06:00:00

(5) Vielfalt statt Einfalt Deutsche Unternehmen hinken im Diversity-Management hinterher. Wenn sie indes Vielfalt fördern und Diskriminierungen abbauen, können sie Talente anwerben und ihr Image verbessern dsfgsd fs
aus Financial Times Deutschland vom 11.12.2007, Seite SA2

(6) Ältere haben gefragtes Know-how Experten schätzen, dass das ungenutzte Wissen von Ruheständlern bares Geld wert ist
aus DIE WELT, 29.09.2007, Nr. 228, S. B10

(7) Demografischer Wandel verstärkt Fach- und Führungskräftemangel Personalentwicklungs- und Weiterbildungskonzepte für Ältere in der mittelständischen Wirtschaft
aus Sozialer Fortschritt, Heft 12/2007, S. 309-315

Impressum

Das Ende des Jugendwahns - das Personalwesen muss umdenken

Bibliografische Information der deutschen Nationalbibliothek

Die Deutsche Nationalbibliothek verzeichnet diese Publikation in der deutschen Nationalbibliografie; detaillierte bibliografische Daten sind im Internet über http://dnb.d-nb.de abrufbar.

ISBN: 978-3-7379-0923-5

© 2015 GBI-Genios Deutsche Wirtschaftsdatenbank GmbH, Freischützstraße 96, 81927 München, www.genios.de

Alle Rechte vorbehalten. Dieses Werk ist einschließlich aller seiner Teile – z.B. Texte, Tabellen und Grafiken - urheberrechtlich geschützt. Jede Verwertung außerhalb der Grenzen des Urheberrechtsgesetzes bedarf der vorherigen Zustimmung des Verlags. Dies gilt insbesondere auch für auszugsweise Nachdrucke, fotomechanische Vervielfältigungen (Fotokopie/Mikroskopie), Übersetzungen, Auswertungen durch Datenbanken oder ähnliche Einrichtungen und die Einspeicherung und Verarbeitung in elektronischen Systemen.